LA

LOI DU PEUPLE

PAR LES CITOYENS

DESCHAPELLES ET O'REILLY

Prix : 25 centimes.

PARIS
HENRI GIRALDON, ÉDITEUR
46, RUE DE SEINE

1848

LA LOI

DU PEUPLE

In-18. — Prix: 25 cent.

SE VEND ICI

LA
LOI DU PEUPLE

PAR LES CITOYENS

DESCHAPELLES et O'REILLY

Prix : 25 centimes.

PARIS
HENRI GIRALDON, ÉDITEUR
16, RUE DE SEINE

1848

PARIS. — IMPRIMERIE CLAYE ET TAILLEFER,
rue Saint-Benoît, 7.

Deux démocrates : les citoyens Deschapelles et O'Reilly, avaient depuis longtemps calculé l'inévitable progrès que devaient faire en France les principes éternels de liberté, d'égalité et de fraternité.

Aussi avaient-ils formulé, dès 1830, LA LOI DU PEUPLE ci-jointe, loi qu'ils se proposaient de soumettre au jugement du pays, si les luttes de juin 1832 avaient amené un dénouement plus favorable à la liberté.

CONSIDÉRANTS

DE LA LOI DU PEUPLE.

1er.

Par les mots peuple, ou nation, on entend : l'universalité des familles réunies sous une même loi politique ;

Un peuple, quand il n'agit que sur lui-même (*voy.* la loi des nations), possède un pouvoir sans bornes ; et ce pouvoir s'appelle : **La souveraineté.**

2e.

Ainsi définie, la souveraineté se compose de deux éléments uniques : **Le droit et la force;**

Le droit est inhérent au peuple, car il n'existe que par l'existence du peuple ;

Mais la force, quoique résidant naturellement dans le peuple, n'est qu'un fait qui résulte de l'accord du peuple.

3e.

Cependant, il n'y a pas d'espèce qui ne produise des monstres ;

La nôtre nourrit des natures perverses qui ne connaissent de jouissance que dans l'oppression et le malheur d'autrui ;

1.

Leur nombre peut accidentellement s'élever, à l'aide de priviléges surpris, ou qu'elles se sont arrogés;

Un instinct fatal leur apprend : Qu'il faut diviser pour régner; et, dans leur impuissance à l'égard du droit, elles s'efforcent à en détacher la force, en intriguant pour détruire l'accord du peuple.

4°.

Apprenons de nos ennemis l'endroit que nous devons fortifier;

Ils veulent séparer les éléments de la souveraineté; Rendons-la indissoluble;

C'est là qu'il faut porter toute la puissance des institutions;

Une condition rigoureuse et positive est déjà trouvée :

C'est d'organiser et de maintenir la force dans le peuple puisque le droit en est inséparable.

5°.

La souveraineté, ou en d'autres termes, l'union de la force et du droit, c'est l'état viril de l'association;

Elle crée la franchise, et bientôt la vertu, par l'harmonie constante entre les actes et les paroles;

Par le libre essor des qualités individuelles, elle les aiguise dans l'intérêt général;

A l'intérieur, elle donne la dignité et la satisfaction;

Au dehors, elle centuple l'influence;

Et, c'est en raison de son progrès ou de son altération, que les peuples marchent vers la prospérité ou la décadence.

6°.

La souveraineté appartient aux petites nations, parce que tous leurs citoyens pouvant se trouver ensemble sur une même place, le droit et la force y agissent de concert ;

Quelquefois, on l'a vue apparaître chez de grands peuples par la coïncidence d'une quantité de causes ;

Et l'histoire constate les prodiges qu'elle a constamment enfantés.

7°.

L'étendue, acquise par gradations, est la conséquence de la vie d'une nation ;

On ne saurait penser à morceler la famille agglomérée par une longue communauté ;

Sous les rapports de commerce et d'économie, cette étendue est un fait profitable ;

Et même est devenue une condition d'indépendance, les nations voisines s'étant accrues dans une proportion analogue.

8°.

La nécessité ne peut pas vouloir, que par un développement naturel et inévitable, une nation voie se tarir la source de son bonheur ;

La méditation opiniâtre doit retrouver cette souveraineté qui brille de temps en temps comme l'éclair, et a été la propriété des premiers âges ;

Et ce serait faire à l'essence de l'homme une mortelle injure, que de lui nier la possibilité de l'asseoir sur de, fortes bases.

9e.

Il n'y a pas de bien au-dessus de l'honneur et la vie ;

Il n'y a pas d'individu auquel on puisse dénier l'un et l'autre ;

S'il est établi des lois qui en disposent, il faut que chacun y participe et y concoure ;

Et, à l'égard de celui qui n'a pas été déclaré indigne par le jugement de ses pairs, l'exclusion est une déclaration de guerre avec droit de réciprocité ;

10e.

La reconnaissance des droits de celui qui remplit des devoirs, est un acte d'équité ;

C'est aussi un acte d'intérêt public, car le refus crée l'antagonisme et, par suite, la disposition d'une force pour le combattre ;

Ainsi, l'association se prive des ressources qu'elle a hypothéquées en les tournant contre elle-même ;

Et la possibilité d'une puissance complète s'évanouit, puisque tous les cœurs comme tous les bras ne sauraient être appelés à la soutenir.

11e.

Le progrès est la devise de l'humanité ;

S'il vient à naître en dehors du peuple, il pourra devancer ses besoins, y introduire un élément étranger, et faire avorter la fermentation identique à chaque nationalité ;

Il faut donc que le progrès vienne du peuple, en raison de sa nature et de son instruction, et qu'en même temps, il tienne dans ses mains les moyens de le réaliser.

12e.

La gestion des affaires devant être confiée à un petit nombre de citoyens, le peuple possède éminemment l'aptitude de les choisir;

Mais cette aptitude ne se développe que par l'exercice;

Il faut donc rapprocher les époques d'élection, pour y habituer le peuple et lui donner la facilité de se corriger.

13e.

Un autre puissant motif de la fréquence des élections, c'est que :

L'emploi d'un pouvoir extrême est avantageux à toute la nation;

Que le peuple communique tout son pouvoir à ses délégués ;

Et que ceux-ci ne peuvent le gérer et en supporter le fardeau, qu'à charge de le retremper souvent à sa source.

14e.

Ces grandes vérités entraînent la conviction ;

Il est impossible qu'elles soient gravées dans toutes les consciences pour y demeurer inertes et passives;

Il faut penser, au contraire, qu'après avoir longtemps germé, elles deviendront le foyer de l'avenir de l'humanité ;

Et qu'en obtenant leurs conséquences les nations vont prendre la route du bien-être et du perfectionnement.

15°.

La loi du peuple satisfait les espérances que nous venons de manifester;

Elle est exécutable, sans qu'on puisse comprendre comment, une fois établie, il serait possible de la détruire;

Elle sera sentie, et retenue par les esprits le moins exercés;

Elle laisse le champ libre aux besoins et au génie de l'avenir, sans cependant leur permettre de sortir du lit de l'intérêt public;

Elle est facile pour une correction qui serait dans tous les esprits, mais, opiniâtre dans ses acquisitions, elle ne permet pas de rétrograder;

Fondée sur l'équité, elle stipule pour le genre humain;

Elle développe la conscience du citoyen et lui inspire une juste fierté par l'amour du devoir et la jouissance entière de ses droits;

Et, cependant, ennemie de la perturbation, elle tient suspendues, et toujours prêtes, des millions de mains pour s'en défendre.

16° ET DERNIER CONSIDÉRANT.

Enfin, s'il est vrai que la force soit aveugle, et qu'à défaut de guide, elle brise ce qu'il y a de plus sacré, jusqu'à ce qu'elle se déchire elle-même;

S'il est vrai que le droit soit faible, et que faute de soutien, il soit méconnu et bafoué;

Il est vrai aussi, il est incontestable, qu'en les unissant, qu'en les mariant l'un et l'autre, la force; représentée par la garde nationale, et le droit représenté par l'élection politique, deviennent mutuellement complets et impérissables.

LA LOI DU PEUPLE.

PRÉAMBULE.

Au nom du peuple,

Le document que voici, contenant cent articles partagés en neuf titres,

S'appellera **exclusivement :** la Loi du Peuple.

La loi du peuple unit et amalgame intimement **l'élection politique et la garde nationale,** autrement dit, le droit et la force :

Constituant ainsi la souveraineté par l'impossibilité d'en séparer les éléments,

Elle fonde et régit à perpétuité l'association politique ;

Elle anéantit toute injonction ou contrat, présents, passés ou futurs, qui ne seraient pas en harmonie avec elle ;

La loi du peuple ne pourra être modifiée qu'après une instance de cinq années révolues, et la réunion des garanties suivantes :

*Garanties indispensables pour une modification quel-
conque à la loi du peuple;*

Savoir :

1° Le vote du corps législatif, titre VI, répété
pendant trois années consécutives, libellant les mots
ou articles à ajouter ou à retrancher (voyez le 4°);

2° Le consentement donné la quatrième année,
par les Juntes, titre V, dans la proportion de **six** départements sur **sept;** (Voyez le 4°.)

3° Enfin, le vote d'une Constituante, titre VII,
spéciale, appelée la cinquième année (voyez le 4°),
laquelle effectuera la modification.

Nota. En cas de coïncidence, article 61, la Constituante normale se spécialisera à son ouverture et
sans y mêler d'autre affaire.

4° Les assemblées mentionnées dans les trois articles qui précèdent voteront conformément aux
deux derniers paragraphes de l'art. 55.

Un défaut, ou une interruption, dans ces conditions rigoureuses, annulle tout ce qui aurait précédé.

Une fois consenties, et portées au texte, les modi-
fications revêtent tous les caractères de la loi;

Les mots ou articles supprimés descendent dans
l'oubli.

Une atteinte à la loi du peuple, qui ne serait point
accompagnée des présentes garanties,

Entraîne la **permanence** des légions (V. l'article 99).

2

TITRE Ier.

COMPOSITION.

ARTICLE 1er.

La garde nationale se compose de l'universalité des citoyens. (Voyez l'art. 77.)

ART. 2.

Elle prend sa base dans la compagnie.

ART. 3.

La compagnie se forme des citoyens occupant les habitations les plus voisines; sans exceptions ni intercallations. (Voyez l'art. 83.) (Voyez la loi municipale.) (1)

ART. 4.

La compagnie contient cinq cents citoyens, sauf le dixième en plus ou moins pour facilité d'application. (Voyez l'art. 47.)

ART. 5.

Les contrôles de la compagnie seront partagés en trois classes, en raison seulement de la différence des âges et du devoir.

ART. 6.

La première classe, sous le nom de **mobile**, comprend les citoyens en âge de majorité jusqu'à trente ans révolus.

_____

(1) La loi du peuple ne s'occupant pas des lois administratives, ne fait qu'indiquer d'après son esprit celles qui devront être faites ultérieurement.

Elle a pour devoirs : 1° le service de force armée dans le département. (Voyez le titre V.) (Voyez la loi départementale.)

2° Le service hors le département, quand elle est requise. (Voyez l'art. 41.)

3° Les manœuvres ou exercices.

4° Et le tirage au sort pour le service militaire. (Voyez l'art. 12.) (Voyez la loi martiale.)

ART. 7.

La deuxième classe, sous le nom de **sédentaire**, comprend les citoyens de trente à cinquante ans révolus.

Elle a pour devoirs : 1° Le service dans ses foyers;

2° Et le service hors ses foyers, dans le cas d'invasion du territoire national par l'étranger. (Voyez l'art. 48.)

ART. 8.

La troisième classe, sous le nom d'**honoraire**, comprend les citoyens qui ont dépassé l'âge de cinquante ans.

Elle ne peut être appelée en service que dans le cas d'invasion de guerre dans le département. (Voyez les art. 30 et 82.)

ART. 9.

La compagnie, ainsi composée, est la source unique de l'élection politique. (Voyez les art. 32 et 38.)

ART. 10.

En dehors du nombre fixé par l'art. 4, et en se conformant à l'art. 3, les compagnies pourront admettre, sous le nom de **volontaires**,

Les jeunes gens non majeurs qui voudraient en faire partie, du gré de leurs parents. (Voyez la Loi des familles.)

ART. 11.

Les volontaires sont astreints aux mêmes devoirs que les mobiles, sauf le tirage militaire.

Après trois mois de fonctions, ils concourent aux grades. (Voyez l'art. 92.)

ART. 12.

L'armée permanente composée de corps savants et de cadres (Voyez la Loi martiale),

Et l'armée temporaire réunie par un décret (Voyez les titres VI et VII),

Se recruteront par les enrôlements volontaires, et par le tirage au sort dans la garde nationale mobile. (Voyez l'art. 84.)

ART. 13.

La garde nationale n'aura pas d'uniforme. (Voyez l'art. 85.)

TITRE II.

ORGANISATION.

ART. 14.

Une compagnie (Voyez le titre Ier) sera commandée par, savoir :

Deux capitaines, commandant tour à tour ;

Cinq lieutenants ;

Cinq sous-lieutenants ;

Douze sergents ;

Vingt-quatre caporaux. (Voyez les art. 16, 23, 29 et 41.)

ART. 15.

Les compagnies contiguës seront unies par dizaine sous le nom de **légion**.

Pour des circonstances de localité, une légion pourra avoir deux compagnies de plus ou de moins. (Voyez l'art. 47.)

ART. 16.

Chaque légion (art. 15) sera commandée par, savoir :

Deux colonels, commandant tour à tour (Voyez l'art. 45) ;

Dix lieutenants-colonels, (Voyez les art. 19 et 92.)

(A l'égard des adjudants, sergents-majors, etc., voyez l'art. 41.)

ART. 17.

Chaque légion aura un conseil d'administration (art. 18), et un conseil de révision (art. 19).

Chaque compagnie aura un conseil de discipline (Art. 20.)

ART. 18.

Le conseil d'administration se compose d'un citoyen par compagnie, choisi par ses officiers.

Il a pour attributions :

1° Le classement des citoyens dans les compagnies, sur le recensement des municipalités, communiqué par la Junte ;

2.

2° La mise au complet au début de l'année (art. 4), la tenue des contrôles (art. 5), et celle des additions ou radiations éventuelles ;

3° La délivrance des cartes ou passe-ports (art. 86);

4° La confection de la liste du jury (art. 92) ;

5° Et la correspondance avec la Junte (titre V), pour ce qui concerne la légion.

Il sera annuel et présidé par le colonel non commandant.

ART. 19.

Le conseil de révision se compose de trois lieutenants-colonels, désignés par le **sort**. (Voy. l'art. 92.)

1° Sous le nom de **tribunal** de la légion, il forme chambre d'**accusation** permanente, à l'égard des arrestations qui pourraient avoir lieu en vertu des lois (Voyez l'art. 87);

2° Il transmet au conseil d'administration les circonstances d'admission ou d'incapacité qui concernent la composition des compagnies;

3° Il juge en dernier ressort les décisions des conseils de discipline ; il sera intégralement renouvelé par trois mois.

ART. 20.

Le conseil de discipline se compose d'un lieutenant, d'un sous-lieutenant, d'un sergent et d'un caporal, tirés au sort dans la compagnie, présidé par le capitaine non commandant.

Il surveille le service, réprime les infractions et entretient le bon accord.

Il est renouvelé par moitié après six mois.

ART. 21.

Auprès de chaque légion, il y aura un censeur nommé par le Gouvernement (Voyez l'art. 74), pour surveiller et légaliser les opérations électorales.

TITRE III.

DE L'ÉLECTION AUX GRADES.

ART. 22.

Le 1er septembre de chaque année, tous les citoyens qui composent une légion se réuniront sur un point central (Voyez les art. 41 à 47) pour procéder à l'élection aux grades, à l'élection politique (Voyez le titre IV) et aux grands exercices.

Cette réunion ne durera que trois jours, à l'issue desquels les nouveaux gradés prendront possession. (Voyez les art. 26 et 27.)

ART. 23.

Les élections se feront par compagnie, dans leur sein, en commençant par le plus bas grade jusqu'à celui de capitaine inclus.

ART. 24.

Les suffrages se donneront à la *muette*, chaque citoyen allant prendre place derrière le candidat de son choix.

Art. 25.

Seront proclamés aux grades, à la majorité relative, ceux qui auront le plus de citoyens derrière eux. (Voyez les art. 34 et 92.)

Art. 26.

La condition rigoureuse d'une élection populaire quelconque, est d'être **annuelle.**

La réélection est facultative.

Art. 27.

Une élection, titres III et IV, qui serait faite en dehors les trois jours, art. 22, ou à une autre heure, quant à l'art. 30, sauf le seul cas de permanence, art. 99, est nulle. (Voyez l'art. 29.)

Art. 28.

Les officiers de la légion, étant tous élus, se joindront momentanément pour choisir entre eux les colonels et lieutenants-colonels, conformément à l'art. 16.

Art. 29.

Les gradés, art. 14, seront mis au complet avant de se séparer.

A l'égard des vacances qui surviendraient dans le cours de l'année, elles seront remplies par les citoyens les plus âgés du grade immédiatement inférieur.

Arrivé aux caporaux, ceux-ci seront complétés par le choix des capitaines parmi les citoyens de la compagnie. (Voyez les art. 47 et 92.)

TITRE IV.

ÉLECTION POLITIQUE.

ART. 30.

L'élection politique commencera le 3 septembre, à midi, et s'achèvera sans désemparer. (Voyez l'art. 82.)

ART. 31.

Elle ne pourra se fixer, art. 24, que sur un candidat présent.

ART. 32.

Un élu politique représente mille citoyens.

Deux compagnies se réuniront pour le choisir dans leur sein.

A cet effet, la 1re compagnie se joindra à la 6e, la 2e compagnie à la 7e, et ainsi de suite.

Dans les légions modifiées (Voyez l'art. 15, 2e paragraphe), le procédé analogue sera appliqué. (Voy. l'art. 47.)

ART. 33.

L'élection n'est valable qu'autant que la moitié plus un des citoyens, art. 4, inscrits sur les contrôles des deux compagnies, y auront pris part. (Voyez l'art. 82.)

ART. 34.

Elle aura lieu à la majorité absolue; en conséquence il pourra y avoir ballottage.

Nota. Dans tous les cas d'égalité de suffrages, l'âge l'emporte.

ART. 35.

Elle sera constatée par la signature d'un capitaine de chacune des compagnies. (Voyez l'art. 21.)

ART. 36.

L'Élu politique est **conscrit**, c'est-à-dire qu'il ne peut se démettre, ni, en cas de défaillance, être remplacé dans aucune fonction politique. (Voyez l'art. 45.)

ART. 37.

Les Élus politiques se rendront immédiatement au chef-lieu du département pour s'y constituer sous le nom de **junte**. (Voyez le titre V.)

TITRE V.

DE LA JUNTE.

ART. 38.

La Junte est dépositaire, pour un an, art. 26, sauf l'art. 97, de tous les droits politiques du département, et la source unique d'un mandat législatif. (Voyez les art. 51-54.)

ART. 39.

Elle réunit, dans leur plus grande étendue, les droits de surveillance et les fonctions antérieures des conseils généraux de département;

Art. 40.

Elle choisit dans son sein les commissions ou délégués auxquels elle communique son pouvoir dans le département.

Art. 41.

Elle administre la garde nationale, la met en mouvement, nomme ses généraux, lui communique les dispositions du pouvoir central (Voyez le titre VIII), choisit et commissionne ses employés, et vote et ordonnance ses dépenses.

Art. 42.

Elle envoye les députés aux assemblées législatives, titres VI et VII, en se conformant aux art. 51 et 54, et en vertu des art. 48, 49 ou 55.

Art. 43.

Elle fournit, au besoin, par tirage au sort, tout ou partie des jurés pour les affaires civiles. (Voyez la loi d'équité.)

Art. 44.

Les décisions d'une junte ne seront valables que prises en présence et à la délibération du quart au moins de ses membres.

Art. 45.

Si une junte était réduite au-dessous du quart des membres voulus par l'art. 32, les colonels de toutes les légions lui seront adjoints avec les titres et attributions d'Élus politiques. (Voyez les art. 29 et 47.)

ART. 46.

Il sera alloué aux membres des Juntes, pour indemnité annuelle, une valeur de mille journées d'ouvriers.

ART. 47.

Dans le cas d'une déviation prévue ou imprévue, touchant le droit du citoyen ou le territoire d'un département, la junte avisera dans l'esprit de la loi.

Les décisions à cet égard deviendront nulles, sitôt que la nécessité aura disparu.

TITRE VI.

Premier extrait de la loi politique.

DE L'ASSEMBLÉE LÉGISLATIVE ANNUELLE.

ART. 48.

Le 15 octobre de chaque année, une Assemblée Législative se réunira nécessairement, pour aviser moralement et matériellement aux intérêts et aux besoins du pays.

ART. 49.

Elle sera composée d'un représentant par quarante mille citoyens.

Nota. Une fraction en sus de dix mille citoyens exige un représentant.

ART. 50.

Elle sera spontanément fournie, au prorata, par l'universalité des juntes, d'après le mode, art. 51.

Art. 51.

Les représentants à l'Assemblée Législative seront désignés par le *sort*, dans chaque junte sur la totalité de leurs membres présents ou absents. (Voyez l'art. 36.)

Art. 52.

Le Budget (les recettes et dépenses) sera annuellement voté par l'Assemblée Législative composée en vertu des art. 49, 50 et 51 ;

Sans qu'un autre pouvoir ou voix d'une autre source puisse y prendre part. (Voy. l'art. 54.)

Art. 53.

En dehors les art. 49 et 51,

Une Constituante peut régler pour dix ans ;

Et une Législative peut appeler pour une année, (Voyez l'art. 55, les trois derniers paragraphes.)

Une augmentation à la législature d'après la teneur de l'art. 54.

Art. 54.

En vertu d'un décret, art. 53,

Les Juntes choisiront dans leur sein deux membres, **députés du territoire.** (Voyez les art. 26 et 36.)

Ces députés siégeront aux mêmes titres et attributions que les représentants, sauf l'art. 52, soit par réunion, soit par formation d'autres branches législatives.

Art. 55.

L'Assemblée Législative peut appeler une constituante immédiate. (Titre VII.)

1° Par un décret promulgué avant le 15 du mois d'août;

2° En présence de plus de moitié de ses membres effectifs;

3° Et à la majorité de trois voix sur quatre.

Art. 56.

Une assemblée politique ne peut décréter une élimination, qu'en se conformant aux deux derniers paragraphes de l'art. 55.

Art. 57.

Une délibération d'une assemblée politique qui dérogerait à la loi du peuple, ou même aux lois en vigueur d'une constituante est **regrettable** et **nulle.** (Voyez le préambule et les art. 69 et 97.)

Art. 58.

Les membres des assemblées législatives recevront une valeur de vingt journées d'ouvriers par chaque jours de présence.

Nota. La loi politique porte : la présence existe par l'autorisation.

TITRE VII.

Deuxième extrait de la loi politique.

DE L'ASSEMBLÉE LÉGISLATIVE CONSTITUANTE.

ART. 59.

En exécution de l'art. 60, ou d'un décret, art. 55, et en se conformant au titre VI autant qu'il n'y est pas ici dérogé,

Les juntes, art. 51, enverront un représentant par vingt mille citoyens.

Nota. Une fraction en sus exige un représentant.

Cette double représentation s'appellera **Constituante.**

ART. 60.

Il y aura une Constituante normale pour une série de dix années.

ART. 61.

La Constituante normale se réunira nécessairement l'année qui commence la série, art. 60,

Nonobstant les constituantes accidentelles qui auraient précédé. (Voyez l'art. 55.)

ART. 62.

Les droits d'une Constituante sont toujours entiers.

ART. 63.

Du jour où une Constituante aura déclaré son

installation, les pouvoirs de l'État seront exercés en son nom et par son mandat.

ART. 64.

La Constituante établira **arbitrairement**,

1° Le nom et la forme du gouvernement;

2° Le chef du pouvoir exécutif;

3° Et les lois politiques qui doivent régir le pays pendant les dix années suivantes

Ses décrets auront toute autorité autant qu'ils ne dérogeront pas à la loi du peuple. (Voyez le préambule.)

ART. 65.

Les pouvoirs conférés par les art. 63 et 64 ne pourront durer au delà de quatre mois consécutifs;

La même assemblée, quittant le titre de Constituante, restera pour finir l'année comme simple législature.

TITRE VIII.

DU CENTRE SOCIAL.

ART. 66.

L'**unité nationale**, embrassant le peuple et le territoire, est la première loi de l'État.

Elle se complète par les institutions.

ART. 67.

Dans le cas d'altération à l'unité nationale, qu'elle

provienne de combinaisons ou de circonstances anormales,

Il ne pourra y être pourvu que par une Constituante. (Voyez les lois martiales et politiques.)

Art. 68.

Les décrets absolus de la Constituante (art. 67 et autres)

Seront mis à exécution par toutes les forces de l'État. (Voyez art. 64, dernier paragraphe.)

Art. 69.

Si une permanence, art. 98, s'étendait sur la totalité de cinq départements,

L'Assemblée législative, toute discussion ajournée, annulera provisoirement les griefs qui y auraient donné lieu. (Voyez les art. 55 et 67.)

Art. 70.

Les Juntes, art. 38, sont sous l'influence, et, au besoin, sous l'obéissance positive de l'Assemblée législative. (Voyez la loi politique.)

Art. 71.

Une junte normale (Voyez l'art. 99) ne peut communiquer hors son département,

Que par autorisation spéciale de l'Assemblée législative.

Art. 72.

Le chef du pouvoir exécutif (Voyez l'art. 64 et la loi administrative) ne pourra sortir du pays en temps de guerre.

3.

Art. 73.

Les relations extérieures auront lieu par **feuille officielle.**

L'État ne reconnaît et ne soutient au dehors que les agents du Commerce. (Voyez l'art. 76, et la loi d'échange.)

Art. 74.

Une grande hiérarchie (Voyez la loi administrative) sera fondée, sous le nom de **censure**, pour diriger sur tous les points de l'empire,

1° L'enseignement moral;

2° L'instruction publique;

3° Et l'explication des lois.

Art. 75.

Les censeurs, outre leurs fonctions essentielles, art. 74, et celles fixées par l'art. 21,

Seront juges de paix ou assesseurs. (V. l'art. 76.)

Art. 76.

La nomination, l'avancement, et la mutation,

1° Des agents du commerce, art. 73,

2° Des censeurs, art. 75,

3° Et des juges (Voyez la loi d'équité) autres que ceux désignés art. 19, 43 et 92,

Appartiennent à l'Assemblée législative,

Sur la présentation du pouvoir exécutif. (Voyez la loi politique.)

TITRE IX ET DERNIER.

DES GARANTIES.

ART. 77.

Celui qui est né dans le pays,

Est citoyen le jour où il atteint l'âge de majorité. (Voyez l'art. 79.)

On peut devenir citoyen par admission. (Voyez les lois civique et politique.)

ART. 78.

Le **droit politique** consiste :

1° A concourir au choix des citoyens qui disposent de l'État (Voyez l'art. 32);

2° A concourir au choix des magistrats qui dirigent les citoyens (Voyez la loi du peuple, la loi municipale, etc);

3° A ce que ces choix ne valent qu'un temps assez limité (art. 26) pour que le peuple échappe au détriment des actes de ceux qui auraient perdu sa confiance ;

4° Et à porter les armes en tous lieux et en tout temps. (Voyez l'art. 79.)

L'égalité en droit politique est la propriété du citoyen.

Un individu, une corporation, qui arriveraient en dehors la loi du peuple à un droit politique qui ne serait pas également partagé avec tous les citoyens, sont déclarés ennemis et criminels.

ART. 79.

Les droits d'un citoyen ne peuvent être infirmés ou suspendus, que par le jugement de ses délégués. (Voyez les art. 90 et suivants, et la loi d'équité.)

ART. 80.

Dans les cas où le service de garde national n'est pas collectif,

Le citoyen peut se faire suppléer par un parent, jusqu'au degré de cousin-germain inclus.

ART. 81.

Un citoyen a le droit de faire partie, dans la garde nationale, d'une classe (V. les art. 5 et 25) dont il aurait dépassé l'âge.

ART. 82.

C'est un devoir pour le citoyen de concourir à l'élection politique, art. 30 et 33 ;

Il peut même y être contraint.

ART. 83.

Une mutation de légion ne peut s'effectuer pour l'année courante.

ART. 84.

Les citoyens employés à la chose publique, formant corps ou isolés, seront maintenus sur les contrôles de leurs compagnies respectives, dans la garde nationale.

La déclaration des droits et devoirs, porte :

Le droit est imprescriptible, mais le fait peut, passagèrement, être empêché par une nécessité, dans l'intérêt du pays.

ART. 85.

Une marque distinctive (même les insignes du grade), ne peut se porter qu'en service.

ART. 86.

Une carte annuelle, art. 18 3°, sera délivrée, gratis, à chaque citoyen.(Voy. la loi sur la liberté individuelle.)

Dans le pays, on ne pourra exiger d'autre passeport. (Voyez la loi des nations, pour les passe-ports à l'étranger.)

ART. 87.

Un citoyen ne pourra être détenu au delà de vingt-quatre heures, sans être présenté au tribunal de la légion sur le territoire de laquelle il aura été arrêté. (Voyez les art. 19 à 87).

La loi sur la liberté individuelle porte :

L'abus de pouvoir sur la personne du citoyen, entraîne 1° la destitution, 2° les dédommagements, 3° et les peines et amendes. (Voyez la loi d'équité.)

ART. 88.

Le tribunal de légion, art. 19, sur la présentation d'un citoyen, art. 87, prononcera,

1° La mise en liberté ;

2° L'envoi au conseil de discipline, art. 20 ;

3° L'envoi au jury de censure, art. 75 ;

4° Ou, un temps fixe de détention pour une affaire à instruire.

ART. 89.

Un citoyen ne pourra rester en détention au delà d'un mois, ni être envoyé devant la cour d'assises, art. 90, que par jugement du tribunal de sa propre légion. (Voyez l'art. 87, dernier paragraphe.)

ART. 90.

Dans les cas de quelque gravité, la cour d'assises est le seul juge de la personne du citoyen.

ART. 91.

Quel que soit le nombre des jurés en cour d'assises criminelles, art. 90, une condamnation ne pourra y être prononcée qu'à une majorité de trois voix sur quatre.

ART. 92.

La liste du jury criminel, pour l'année courante, se compose des citoyens élus aux grades, titre III.

La loi d'équité porte :

Trois conditions sont exigées pour faire partie d'un jury criminel :

1° L'élection, art. 25 ;

2° L'âge de majorité, art. 77 ;

3° Et la non participation aux fonctions judiciaires. (Voyez les art. 19, 43, 75.)

ART. 93.

Le jury pour une session de cour d'assises, art. 90,

sera pris dans une seule légion, par **tirage au sort**.

Il sera établi un roulement, de façon à ce qu'une légion ne fournisse point une seconde session avant que toutes les autres n'en aient fourni une première.

ART. 94.

La **récusation** en cour d'assises criminelles, ne peut être exercée que par l'accusé.

Les incompatibilités et les exemptions seront précisées par la loi. (Voyez la loi d'équité.)

ART. 95.

La gêne, morale ou matérielle, autre que celle nécessitée pour s'assurer, en vertu des lois, de la personne du citoyen, est réprouvée et sera punie. (Voyez l'art. 87 dernier paragraphe.)

ART. 96.

La peine de **mort** est abolie.

ART. 97.

Une **atteinte** à la loi du peuple, même en **soupçon**, la conscience du citoyen exige qu'il la dénonce à sa compagnie.

ART. 98.

Trois compagnies reconnaissant une atteinte à la loi du peuple (Voy. le 2ᵉ et 3ᵉ de l'art. 55), la légion entrera en **permanence**.

ART. 99.

La permanence aura pour effet :

1° La réunion de la légion et la désignation des citoyens qui devront rester en armes ;

2° La jonction avec les autres légions du département ;

3° Et la faculté de procéder à de nouvelles élections, titre III et IV, **annulant** les précédentes, et créant Junte anormale. (Voyez l'art. 71.)

ART. 100 ET DERNIER.

La permanence cessera sur une proclamation de la junte constatant le rétablissement du droit. (Voy. le 16ᵉ considérant et le titre VIII.)

DESCHAPELLES et O'REILLY.

Ici se trouve la signature du citoyen Deschapelles, mort sans avoir eu le bonheur de voir réaliser le rêve de toute sa vie. En lui attribuant *la plus grande part* d'un travail que nous avons formulé en commun, je remplis un double devo.r, celui d'un acte d'équité et d'un hommage rendu à sa mémoire.

O'R.

Deux démocrates, les citoyens Deschapelles et O'Reilly, avaient depuis longtemps calculé l'inimitable progrès que devaient faire en France les principes éternels de liberté, d'égalité et de fraternité.

Aussi avaient-ils formulé, dès 1830, LA LOI DU PEUPLE ci-jointe, loi qu'ils se proposaient de soumettre au jugement du pays si les luttes de juin 1832 avaient amené un dénouement favorable à la liberté.

IMPRIMERIE CLAYE ET TAILLEFER,
RUE SAINT-BENOIT, 7.